Colas Gutman

Der Stinkehund am Strand

Mit Illustrationen von Marc Boutavant

Aus dem Französischen
von Julia Süßbrich

Außerdem bei WooW Books erschienen:

Der Stinkehund (Band 1)

Deutsche Erstausgabe
1. Auflage 2019
© der deutschsprachigen Ausgabe: Atrium Verlag AG,
Imprint WooW Books, Zürich 2019
Alle Rechte vorbehalten
Aus dem Französischen von Julia Süßbrich
© der französischen Originalausgabe:
l'école des loisirs, Paris 2014
Originaltitel: *Chien pourri à la plage*
Text: Colas Gutman
Cover und Illustrationen: Marc Boutavant
Satz: Sabine Conrad, Bad Nauheim
Druck und Bindung: Livonia Print, Riga, Lettland
ISBN 978-3-96177-033-5

www.woow-books.de
www.instagram.com/woowbooks

Für Gaspard und Cécile
C. G.

Hundehitze

Es ist Sommer. Stinkehund kommt in seiner Mülltonne fast um vor Hitze, Platti
kommt fast um vor Durst. Und die Fliegen
sterben wie die Fliegen. Mit einem alten
Prospekt in den Pfoten träumen unsere
beiden Freunde von Ferien am Meer:

»Ach, Stinkehund, wenn wir doch bloß
an die Côte d'Azur[1] fahren könnten …«,
seufzt Platti.

1 Spricht man »Kot Dasühr« aus und bedeutet »himmel-
blaue Küste«. Das ist eine feine Gegend am Meer in
Südfrankreich.

»Ist das so etwas wie ein Kotelett, Platti?«

»Sogar noch etwas viel Besseres. Da gibt es einen tollen Strand.«

»Guck mal, Platti, ich übe schon mal *Stranden*!«

Stinkehund versucht, wie ein kleiner Hund im Rinnstein herumzupaddeln. Die Passanten rümpfen darüber die Nase.

Als Stinkehund sich gerade mit einem alten Wischlappen abtrocknen will, ruft Platti plötzlich:

»Jetzt weiß ich, wie wir in den Urlaub fahren können!«

Stinkehund rät: »Gibt es eine Ferienfreizeit für benachteiligte Tiere? Für ausgesetzte Hunde und platt gefahrene Katzen?«

»Genau, Stinkehund, für alle, die sonst keine Ferien haben.«

»Können wir dann zu diesem Kotelett fahren?«

»Mach dir lieber keine allzu große Hoffnung, Stinkehund.«

Vor dem Anmeldebüro für die Ferienfreizeit stehen Stinkehund und Platti Schlange zwischen einigen Straßenkatzen und

den streunenden Hunden des Stadtviertels.

»Es gibt wohl nur noch Fahrten in die Berge«, sagt eine dreibeinige Katze.

»Ja, und Reisen auf Campingplätze ohne Zelte, ohne Wasser und ohne Strom«, ergänzt ein Hund ohne Schwanz.

»Für mich wäre das in Ordnung«, sagt Stinkehund.

Leider fehlt es Stinkehund nicht nur an Schönheit und Verstand, Glückstage hat er auch nicht besonders viele. Die Ferienfreizeit ist bereits ausgebucht.

»Kommt nächstes Jahr wieder, ihr Lausebande!«, schreit ein Mann, der dort arbeitet.

Aber Stinkehund und Platti können sich gar nicht vom Fleck rühren, denn ihre Pfoten kleben am heißen, geschmolzenen Asphalt fest.

»Du erinnerst mich an eine Badematte, die ich mal sehr gernhatte«, sagt der Mann zu Stinkehund. »Vielleicht hab ich doch etwas für dich.«

Stinkehund hofft auf eine Dose *Hundifresschen*, aber Platti fürchtet schon Schlimmes.

»An unseren Luxus-Ferienort, die Côte d'Azur, könntest du noch fahren. Einen Platz halten wir dort immer für die ganz besonders Armen frei«, erklärt der Mann.

»Darf ich meine Katze mitnehmen?«,
fragt Stinkehund.

»Warum nicht? Je mehr lustige Monster wir dabeihaben, desto besser.«

»Ich begleite dich, aber ich bade nicht«,
sagt Platti.

Auf dem Weg zum Kotelett-Strand

Heute geht die Ferienfreizeit los! Vor dem Bus entdeckt Stinkehund zwei alte Bekannte: den frisierten Pudel und den Dackel im Sommermäntelchen. Sie unterhalten sich unter einer Straßenlaterne.

»Hallo, Freunde, was macht ihr denn hier?«, fragt Stinkehund.

»Unser Frauchen wollte uns zu Ferienbeginn loswerden«, antwortet der frisierte Pudel.

»Aber statt uns am Straßenrand aus-
zusetzen, hat sie uns einen *Kinderkurs*
spendiert«, erklärt der Dackel im Sommermäntelchen.

»Was ist das?«, fragt Platti.

»Ein Fortbildungskurs, der uns helfen
soll, unseren idealen Spielkameraden zu
finden.«

Stinkehund seufzt: »Habt ihr ein Glück!
Ich würde auch gerne ein nettes Kind finden.«

»Für dich, Stinkehund, müsste das dann

wohl ein Stinkekind sein!«, erwidert der Dackel und lacht hämisch.

Der Betreuer der Ferienfreizeit unterbricht ihr Gespräch und stellt sich ihnen vor:

»Ruhe! Ich bin euer Liebes Herrchen, aber ihr könnt mich auch einfach LH nennen.«

»Guten Tag, lieber Großer Herr«, sagt der Labrador.

»Pfui, Schleimer!«, bellt der Pitbull.

»Oh, ich hatte neulich Haferschleim in meiner Mülltonne, der war aber gar nicht pfui, sondern lecker!«, widerspricht Stinkehund.

»Genug jetzt!«, ruft das LH. Dann wendet es sich an Stinkehund und Platti: »Ihr beiden Monster reist im Laderaum! Ich möchte nicht, dass ihr eure Kameraden verschreckt.«

Sehr freundlich und aufmerksam von ihm, denkt Stinkehund. *Wenn ich erst einmal braun gebrannt bin, werde ich auch bestimmt viel schöner aussehen.*

Eingequetscht zwischen zwei Koffern, sehnt Platti sich nach seiner Mülltonne zurück. Und Stinkehund träumt von Apfeltaschen.

»Erzähl mir noch mal vom Strand, Platti!«

»Also, am Strand ist es sehr heiß. Und wer richtig großes Glück hat, kommt sogar in den Schätzchen-Klub.«

»Was ist das?«

»Ein Ort, an dem man Leckerli-Pakete gewinnen kann, indem man auf einem Trampolin herumhopst.«

»Das hört sich prima an!«, findet Stinkehund.

Nach ein paar Stunden Fahrt auf der Autobahn hält der Bus endlich an. Das LH öffnet den Laderaum und brüllt:

»Los, ihr zwei, geht euch die Pfoten vertreten!«

»Platti, guck mal! Da ist ganz viel Sand und eine Rutsche und Toiletten! Ist das der Schätzchen-Klub?«

»Nein, das ist eine Autobahn-Raststätte, Stinkehund. Lass uns reingehen und nachschauen, ob es drinnen einen Leckerli-Automaten gibt.«

Die Hunde-Cafeteria

Stinkehund kriecht vor einem Kaffeeauto-maten herum, um etwas Kleingeld zu fin-den.

»Unsere Mama hat uns Geld mitgege-ben, damit wir uns Chips kaufen kön-nen«, sagt der frisierte Pudel.

»Platti und ich essen lieber grüne Boh-nen, aber die hat der Automat nicht«, antwortet Stinkehund missmutig.

»Ich dachte, arme Schlucker wie ihr

dürften gar nicht an die Côte d'Azur mitfahren«, sagt der Dackel im Sommermäntelchen.

»Wir fahren an den Kotelett-Strand«, erklärt Stinkehund.

»Dieses Seebad ist mir unbekannt«, sagt der frisierte Pudel.

»Dort ist man sicher auf Schweine eingestellt«, sagt der Dackel im Sommermäntelchen.

Während der Labrador sich Sonnencreme kauft, versucht Stinkehund, wenigstens ein Eis aus einem Mülleimer zu fischen.

»Ich habe den Stiel erwischt!«, ruft er glücklich.

»Na, dann können die Ferien ja losgehen«, sagt Platti.

Drei Stunden und zwei Pinkelpausen später erreichen unsere Freunde ihr Ziel.

Der Strand
*(Zutritt verboten für zottelige Hunde,
platt gefahrene Katzen und Bettler)*

Endlich! Der Strand! Die Palmen! Die Zigarettenkippen! Der Schätzchen-Klub! Die Teilnehmer der Ferienfreizeit für Benachteiligte versammeln sich bei der Strandwache.

»Schaut mal her, es ist grün geflaggt! Das heißt, ihr dürft euch jetzt ein Kind suchen«, erklärt der Betreuer. »Nehmt, welches ihr wollt, aber vergesst nicht, es abends wieder zu seinem Herrchen zurückzubringen! Und denkt immer daran: Wer das beste Kind findet, bekommt eine Freikarte für den Schätzchen-Klub. Viel Glück!«

»Letztes Jahr hat mein Kind Bälle für mich geworfen«, sagt der Dackel im Sommermäntelchen.

»Meins hat mir einen Seitenscheitel gezogen«, sagt der frisierte Pudel.

»Meins hat mir Eis gekauft«, sagt die Bulldogge im Polohemd.

Stinkehund ist begeistert. »Hast du das gehört, Platti? Das ist ja wunderbar. Wir lassen uns jetzt von einem Kotelett-Strand-Kind adoptieren.«

»Träum nicht so viel, Stinkehund. Wer will denn schon einen müffelnden Wischlappen und eine Katze, die aussieht wie eine Frisbeescheibe?«

Platti hat recht. Stinkehund erntet überall nur Spott und Hohn von den aufgebrachten Urlaubern.

»Der trägt ja noch nicht einmal Badebekleidung«, empört sich eine Dame.

»Dem müsste man doch glatt mit einer Qualle durchs Fell gehen«, schlägt eine andere vor.

Wovon reden die nur?, fragt sich Stinkehund und macht sich auf die Suche nach dem Kind seiner Träume.

In der Ferne sieht er einen Jungen, der gerade in ein Sandwich beißt.

Der ist es, denkt er. *Der mag Leberpastete.*

Stinkehund baut sich vor dem Kind auf. Leider fängt es sofort an zu schluchzen.

»Mama! Hier ist ein Monster, das mich ärgert!«

Um der wütend mit der Schaufel fuchtelnden Mutter zu entkommen, gräbt Stinkehund sich im Sand ein.

Ich bin nur ein Surfbrett ohne Segel, ein Eisbällchen ohne Hörnchen, ein Thunfisch ohne Dose.

Doch urplötzlich, so als ob ein feiner Knochen vom Himmel gefallen käme, steht ein Junge in blauer Badehose vor Stinkehund und beugt sich über ihn.

»Guten Tag, altes Hündchen! Wie heißt du?«

»Stinkehund.«

»Du erinnerst mich an meine Ratte

Marc-André, die letztes Jahr gestorben ist.«

»Oje, der arme Kerl, woran ist er denn gestorben?«, will Stinkehund wissen.

Doch der Junge verrät es ihm nicht, er lacht nur. »Wenn dich jemand fragt, dann sag einfach, dass du es nicht weißt, du Banane!«

Was für ein lustiger Junge, denkt Stinkehund. *Ich habe mein Kurs-Kind gefunden! Ich nenne es Blauhose.*

Aber Blauhose ist nicht allein. Plötzlich ist das arme Tier von mehreren Kindern umringt.

»Lasst uns Sand in seine Augen werfen«, schlägt ein Junge im roten T-Shirt vor.

»Nein, lieber Kieselsteine, das ist bes-

ser«, setzt ein gemeiner Junge mit grüner Kappe noch einen obendrauf.

»Überlasst ihn mir, schließlich habe ich ihn als Erster entdeckt«, sagt Blauhose.

Mein LH wird stolz auf mich sein. Ich gewinne bestimmt die Freikarte für den Schätzchen-Klub!, freut sich Stinkehund.

Aber im Leben dieses guten Tieres ist nie etwas wirklich einfach.

Der Papa von Blauhose ruft seinen Sohn zur Ordnung:

»Bei Fuß, mein Sohn! Pfui! Nicht den Wischlappen anfassen!«

Solche Herrchen mag ich: Er ist streng, aber gerecht, denkt Stinkehund. *Was bedeutet denn das, was auf seinem T-Shirt steht? CRS?[2] Das erinnert mich doch an*

---

2 CRS ist die Abkürzung für eine bestimmte Polizei in Frankreich, die im Sommer zusätzlich als Strandwache arbeitet und aufpasst, dass niemand ertrinkt.

etwas … Ach ja, klar! Das steht für Cri-
spies – rar und salzig. Na, das ist ja ein
Glück! Blauhoses Papa läuft herum und
verkauft Leckerlis am Strand!

»Wir könnten den Wischlappen für Mama mitnehmen«, schlägt Blauhose vor.

»Wenn in einem Jahr und einem Tag
niemand nach ihm fragt, können wir
das in Erwägung ziehen«, antwortet der
CRS-Mann.

Crispies wachsen wohl im Meer, deshalb sind sie bestimmt so salzig, denkt Stinkehund. *Aber warum sollen sie rar sein? Ich dachte, es gäbe ganz viele davon! Ist das etwa gar nicht so?*, fragt er sich erschrocken.

»Möchtest du mit uns spielen? Vielleicht *Wer ist der zotteligste Hund am ganzen Strand*?«, fragt Blauhose.

»Dieses Spiel kenne ich nicht. Ist das schwierig?«

»Für dich bestimmt nicht.«

»Dann spiele ich mit.«

Aber Stinkehund bleibt gar keine Zeit für das lustige Spiel. Der Betreuer pfeift, weil sie jetzt ein Picknick machen wollen.

»Bis später, Kumpel!«, sagt Stinkehund.

»Genau, Zottelhund, wir sehen uns im Schätzchen-Klub zum Flohsackhüpfen!«

Hundepicknick

Alle Teilnehmer der Ferienfreizeit essen im Schutz eines Sonnenschirms zu Mittag. Nur Stinkehund und Platti sammeln in der sengenden Hitze Chipskrümel.

Der Dackel im Sommermäntelchen spottet: »Tut mir leid, ein Mülltonnen-Menü gab es nicht!«

»Wer von euch hat denn schon sein Kind gefunden?«, fragt das LH.

»Ich!«, ruft der Labrador. »Es hat mich

sogar zweimal gestreichelt und ein Stöck-
chen für mich geworfen.«

»Du hast es ja auch leicht!«, nörgelt
der frisierte Pudel. »Es weiß ja wohl je-
der, dass Labradore bei Kindern beliebt
sind!«

»Genau. Der ist doch ein Schleimer«,
fügt der Dackel im Sommermäntelchen
hinzu.

»Ich hab einen Surfer gebissen!«, sagt
der Pitbull.

»Das zählt nicht«, sagt das LH. »Und

du, Stinkehund, hast du einen Freund gefunden?«

»Ja! Er heißt Blauhose, und sein Papa ist Leckerli-Verkäufer.«

»Lügen gehört sich nicht«, sagt der Betreuer.

»Weg mit allen Stinkehunden, die man hat im Müll gefunden!«, singt die Bulldogge.

Dabei sagt Stinkehund doch die Wahrheit! Und wie ein Leckerli in einer Mülltonne taucht plötzlich Blauhose hinter einem Sonnenschirm auf.

»Hier, lieber Wauwau, ich hab dir eine Pastete mitgebracht«, sagt Blauhose zu Stinkehund.

»Seht ihr, Freunde? Ich hatte recht. Was für eine Pastete ist es denn?«, fragt Stinkehund stolz.

»Eine Sandpastete, du Banane!«

»Ist das eine Spezialität vom Kotelett-Strand?«

»Stinkehund hat ein stinkgemeines Kind gefunden!«, verkündet der frisierte Pudel.

»Der Junge scheint echt nicht besonders zartfühlend zu sein«, findet auch der Labrador.

»Darf ich ihn beißen?«, fragt der Pitbull.

»Nein, der soll einfach zurück zu seinem Herrchen gehen«, beschließt der Betreuer.

Jetzt ist das arme Kind gekränkt und ergreift die Flucht, denkt Stinkehund.

»Warte, mein Freund, ich bringe das wieder in Ordnung!«, ruft er dem Jungen noch nach.

Aber Blauhose ist bereits weggelaufen, und der Betreuer hält Stinkehund eine Strafpredigt:

»Stinkehund, du hast dich von einem gemeinen Kind reinlegen lassen, du bist raus aus dem Wettbewerb. Alle anderen lade ich jetzt in den Schätzchen-Klub ein,

zum Trost dafür, dass sie so einen dummen Kameraden haben. Du, Stinkehund, passt zusammen mit deinem platt gefahrenen Freund auf die Handtücher auf.«

Nur durch ein Wunder könnte es jetzt trotzdem noch ein schöner Tag für Stinkehund werden. Zum Glück muss er in seinem Stinkehundleben aber manchmal bloß den Kopf heben, um ein Licht am Horizont zu erblicken. Und tatsächlich zieht gerade ein Flugzeug ein Banner über den Himmel:

Müllsammel-Wettbewerb! Zwei Eintrittskarten für den Schätzchen-Klub zu gewinnen!

Stinkehund schöpft neue Hoffnung. Mit Müll kennt er sich schließlich aus.

»Ich werde jedes einzelne Sandkorn umdrehen und alles sauber machen, Platti. Schätzchen-Klub, wir kommen!«

Während Stinkehund alte Zigarettenkippen aufsammelt, kümmert Platti sich um Papierschnipsel und Verpackungen.

Aber Stinkehund hat noch nie einen Wettbewerb gewonnen, und das Schicksal wendet sich auch dieses Mal gegen ihn: Blauhose und sein Freund im roten T-Shirt werden zu den Siegern erklärt.

»Wie ungerecht, wir haben mehr Müll aufgesammelt!«, protestiert Stinkehund.

Platti reicht eine Beschwerde bei den Organisatoren des Wettbewerbs ein. Die Preisrichter zählen die eingesammelten Teile noch einmal durch und stoßen dabei auf etwas Merkwürdiges.

»Was ist denn das für ein Stinkeding?«, fragt eine Dame. »Habt ihr das wirklich am Strand gefunden?«

»Ja«, antwortet Platti.

»Was? Wo?« Stinkehund schaut suchend umher. »Wovon redet ihr?«

»Oje, das Stinkeding spricht ja sogar!«, staunt eine andere Dame.

»Unglaublich.«

»Wir müssen noch einmal in die Wettbewerbsordnung schauen«, sagt ein Herr.

Und dann gibt es zum ersten Mal in der Geschichte des Kotelett-Strands *zwei* Siegerpaare. Denn Stinkehund und Platti haben nun genauso viele Punkte wie die beiden gemeinen Jungen, weil sie ein unbekanntes Stinkeding gefunden haben. Auch sie gewinnen zwei Freikarten für den Schätzchen-Klub!

Der Schätzchen-Klub

»Ich habe Angst«, sagt Stinkehund vor dem Eingang des Schätzchen-Klubs.

»Wovor?«, fragt Platti.

»Dass ich nicht reinkomme! Ich bin doch niemandes Schätzchen!«

Zitternd hält er dem Aufpasser des Klubs seine Eintrittskarte hin.

Der Aufpasser fragt: »Habt ihr eure Eintrittskarte in einer Wunder-Mülltonne gefunden?«

»Ich hab es doch gewusst, Platti! Lass uns wieder gehen«, sagt Stinkehund.

»War nur Spaß!«, sagt der Aufpasser. »Herzlich willkommen, meine Schätzchen!«

Es gibt eine Rutsche, ein Trampolin und Toiletten, die mit Stacheldraht umzäunt sind. Mehr nicht. Stinkehund ist enttäuscht. »Das sieht genauso aus wie auf dem Parkplatz neben der Tankstelle.«

Aber Platti erwidert: »Nein, das hier ist besser – guck mal, dahinten steht ein Schwimmbecken!«

»Ihr dürft überhaupt nicht hier sein!«, protestiert der Dackel im Sommermäntelchen.

»Das sag ich meinem Frisör!«, ruft der frisierte Pudel empört.

»Mein Papa wird dich beißen«, knurrt der Pitbull.

»Ach, lasst doch das arme Tier in Ruhe«, versucht der Labrador sie zu beschwichtigen.

»Mit dir Schleimer reden wir nicht«, sagt die Bulldogge. »Und diesen Stinkehund müsste man aus der Ferienfreizeit rauswerfen, weil er nicht auf unsere Handtücher aufpasst.«

Aber Stinkehund hört gar nicht zu. Er läuft direkt auf das Trampolin zu, wo Blauhose steht.

»Haaallooo, Kumpel!«, ruft Stinkehund.

»Na, so was, bist du das, Zottelhund? Willst du Hundetrampolin springen?«, fragt Blauhose.

»Was ist das?«

»Spring drauf, dann siehst du es!«

Kaum hat Stinkehund eine Pfote auf das Trampolin gesetzt, stürzen sich Blauhose und seine gemeinen Freunde auf ihn.

»Genug, keine Bewegung!«, schreit der Mann im CRS-T-Shirt.

»Sprechen Sie mit mir?«, fragt Stinkehund.

»Nein, mit meinem Sohn«, sagt der Mann. »Sein Schwimmunterricht im Kinderbecken fängt gleich an.«

Am aufblasbaren Schwimmbecken stellen sich alle Mitglieder des Schätzchen-Klubs für einen gemeinsamen Schwimmkurs auf.

»Jetzt demonstriere ich euch, dass man untergeht, wenn man sich nicht irgendwie an der Oberfläche hält«, sagt der CRS-Mann. »Ich brauche einen Freiwilligen, der den ertrinkenden Hund spielt.«

»Ich!«, meldet sich Stinkehund.

»Komm, Hundi, dann zeig uns mal, wie das aussieht.«

Während Blauhose Stinkehund einen Stein um den Hals hängt, fährt der CRS-Retter mit seinen Erklärungen fort:

»Damit ihr gut auf dem Wasser treibt und nicht wie der Stinkehund untergeht, müsst ihr eure Schwimmflügel anlegen und die Ruhe bewahren. Schaut genau hin.«

Hundsgefährlich!

Ich kann in meiner Mülltonne sehr gut die Luft anhalten, also dürfte das hier auch nicht besonders schwierig sein, denkt Stinkehund.

Er geht unter wie ein Stein.

»Meine lieben Wauwaus, schwimmt nie ohne die Aufsicht eines Erwachsenen«, sagt der CRS-Retter. »Das ist *die* Lektion des heutigen Tages. Und nun hole ich euren Kameraden wieder heraus.«

Er springt ins Wasser und rettet Stinkehund. Der ganze Schätzchen-Klub applaudiert.

»Den Wischlappen könnten wir eigentlich auswringen«, schlägt Blauhose vor.

»Nein, mein Junge«, antwortet sein Vater. »Jetzt steht erst einmal die Ruhezeit auf dem Plan. Da erzähle ich euch von meinen Heldentaten auf dem Meer.«

»Och nöööö, das macht keinen Spaß«, nörgeln alle Besucher des *Schätzchen-Klubs*, die sich lieber einer neuen Attraktion zuwenden möchten: dem Katzen-Frisbee.

Aber als Platti sich gerade darauf einstellt, im nächsten Moment gegen einen Pfahl zu prallen, erhebt sich eine Stimme gegen dieses heimtückische Spiel.

»Lasst ihn in Ruhe, er hat euch nichts getan!«, ruft Blauhose. »Ich mag Katzen.«

»Wusste ich es doch! Dieses Kind ist nicht *nur* stinkgemein«, sagt Stinkehund.

»Aber wir haben doch gar nichts Böses gemacht!«, wehrt sich der frisierte Pudel.

»Wir wollten nur ein bisschen Spaß haben«, ergänzt der Dackel im Sommermäntelchen.

»Ihr solltet euch schämen, euch so ein hundsgemeines Spiel auszudenken!«, schimpft der Labrador.

»Mit dir Schleimer reden wir gar nicht!«, sagen alle anderen.

Damit sich der Trubel legt, gibt der CRS-Mann eine Runde Schätzchen-Kakao aus und beginnt von seinen Abenteuern zu erzählen. Stinkehund hofft, in seiner Schokomilch ein Leckerli zu finden. Der schleimige Labrador und Blauhose hören zu. Doch alle anderen rennen schnell zurück zum Schwimmbecken.

»Eines Tages habe ich drei Kinder vor dem Ertrinken gerettet«, erzählt Blauhoses Papa.

»Woow! Indem Sie ihnen Leckerlis verkauft haben?«, fragt Stinkehund, der wie immer nur Bahnhof versteht.

»An einem nebligen Abend habe ich einem Blinden geholfen, den Strand zu überqueren«, fährt der CRS-Mann fort.

»Wollte der auch Leckerlis haben?«

Der Mann seufzt: »Junge, erklär du es ihm. Dieser Hund begreift einfach gar nichts.«

Aber Blauhose ist inzwischen verschwunden. Er ist zu den anderen gelaufen, die sich um das aufblasbare Schwimmbecken versammelt haben. Da sorgt nämlich eine neue Attraktion für Aufruhr: »Platti-Angeln«.

Der arme Kater wird gerade ins Wasser geworfen.

Blauhose nimmt all seinen Mut zusammen. Er hört nur auf seinen Bauch

und nicht auf seinen Papa. Ohne seine Schwimmflügel springt er ins Wasser.

Im selben Moment überlegt Stinkehund, ob Leckerlis auch in Schwimmbecken wachsen.

Das muss doch herauszufinden sein! Irgendeine Spur wird bestimmt zu den Leckerlis führen …

Stinkehund läuft los und hüpft hinter Blauhose her ins Schwimmbecken.

Oh, zwei Riesen-Leckerlis! Da wird sich der CRS-Verkäufer aber freuen!

Statt Leckerlis hat Stinkehund beim Auftauchen jedoch Blauhose und Platti zwischen den Zähnen.

Schade, der Herr von CRS wird enttäuscht sein, denkt er sich.

Doch ganz im Gegenteil: Der Mann weint vor Freude, als er seinen Sohn wieder in die Arme schließt.

»So traurig ist das doch gar nicht«, sagt
Stinkehund und leckt ihm die Füße, um
ihn zu trösten. »Wir finden schon noch
andere Leckerlis.«

»Dein Hirn ist zwar klein, aber dein
Herz ist groß, mein Freund«, sagt der
triefnasse Platti.

Blauhose verspricht, nie mehr in seinem Leben einem Tier etwas Böses zu

tun. Er schenkt seinem Retter seinen le-
ckeren Schätzchen-Kakao.

»Du bist der perfekte Spielkamerad«,
sagt Blauhose zu Stinkehund.

»Und du bist ein stinkgemeines, äh,
stinkfeines Kind«, antwortet Stinkehund
ganz gerührt.

Um den schönen Tag schön ausklingen
zu lassen, bekommen Platti und Stinkehund von der Stadt eine Medaille verlie-

hen. Außerdem überreicht das LH ihnen
ein Paket Leckerlis. Und der frisierte Pudel spendiert ihnen einen Haarschnitt
bei seinem Frisör.

»Auf Stinkehund und Platti: hipp, hipp,

hurra!«, rufen alle Teilnehmer der Ferienfreizeit für Benachteiligte.

»Es lebe der Schätzchen-Klub!«, ruft
Platti.

»Und es lebe der Kotelett-Strand!«, ruft
Stinkehund.

Colas Gutman hat das Talent zum Erzählen von seinem Vater geerbt, dem bekannten französischen Kinder- und Jugendbuchautor Claude Gutman. Beim Schreiben achtet Colas Gutman immer besonders darauf, dass er seine Texte selbst lustig findet – so war es natürlich auch, als er sich die Abenteuer des Stinkehundes ausgedacht hat.

Marc Boutavant wurde 1970 in Dijon (Frankreich) geboren. Er arbeitet als Illustrator und Grafiker und hat schon eine Vielzahl von Büchern für unterschiedliche Verlage illustriert.

Hund sucht Herrchen

Colas Gutman
Der Stinkehund (Band 1)
Hardcover | 64 Seiten
€ 10,– (D) | € 10,30 (A)
ISBN 978-3-96177-032-8

Er sieht aus wie ein alter, zerfledderter Teppich, und er müffelt, weil er in einer Mülltonne wohnt – Stinkehund ist ein echter Streuner. Dabei wünscht er sich doch nichts sehnlicher als jemanden, der ihn lieb hat und ihm Leckerlis gibt! Kurzerhand zieht Stinkehund in die weite Welt hinaus, um nach einem passenden Herrchen zu suchen. Und er gerät in so manches Abenteuer …